Handbuch für junge Spione

Illustriert von Mathias Sielfeld

Text von Daniel Nesquens

Übersetzung aus dem Spanischen durch
Eszter Kalmár

Schrift: *Archer Pro* von Tobias Frere-Jones und
Jonathan Hoefler, *Adobe Garamond* von Robert
Slimbach, *Beloved* von Laura Worthington,
Bernhard Gothic von URW Type Foundry, *Brown Pro*
von Nick Shinn, *Neuzon* und *Chainprinter* von
Ray Larabie, *Citadel* von Tobias Frere-Jones,
Condor von David Jonathan Ross, *LTC Pabst
Oldstyle* von Frederic W. Goudy und Paul D. Hunt

Druck: Wilco Art Books Netherlands, Amersfoort

Hergestellt in Europa

Erschienen bei Kleine Gestalten, Berlin 2022
ISBN 978-3-96704-736-3

Die englische Ausgabe ist unter der
ISBN 978-3-96704-737-0 erhältlich

Die spanische Originalausgabe erschien
unter dem Titel *Manual para espías* bei
Editorial Flamboyant S.L.

www.editorialflamboyant.com

© Editorial Flamboyant S.L., 2022

© Text: Daniel Nesquens, 2021

© Illustrationen: Mathias Sielfeld, 2021

© für die deutsche Ausgabe: Kleine Gestalten,
erschienen bei Die Gestalten Verlag
GmbH&Co.KG, Berlin 2022

Weitere Informationen und Buchbestellungen unter
www.kleine.gestalten.com.

Bibliografische Information der Deutschen
Nationalbibliothek.

Die Deutsche Nationalbibliothek verzeichnet diese
Publikation in der Deutschen Nationalbibliografie;
detaillierte bibliografische Daten sind im Internet über
www.dnb.de abrufbar.

FSC
MIX
Papier aus verantwor-
tungsvollen Quellen
FSC® C004472

Dieses Buch wurde
auf FSC®-zertifiziertem
Papier gedruckt.

HANDBUCH
FÜR JUNGE SPIONE

Daniel Nesquens · Oyemathias

KLEINE
GESTALTEN

INHALT

*WENN JEMAND SAGT, ER HABE MIR
GEHEIME INFORMATIONEN GELIEFERT,
SO BEGING ER DAS VERBRECHEN, NICHT ICH.*

Margaretha Geertruida Zelle
alias Mata Hari, Tänzerin und Doppelagentin

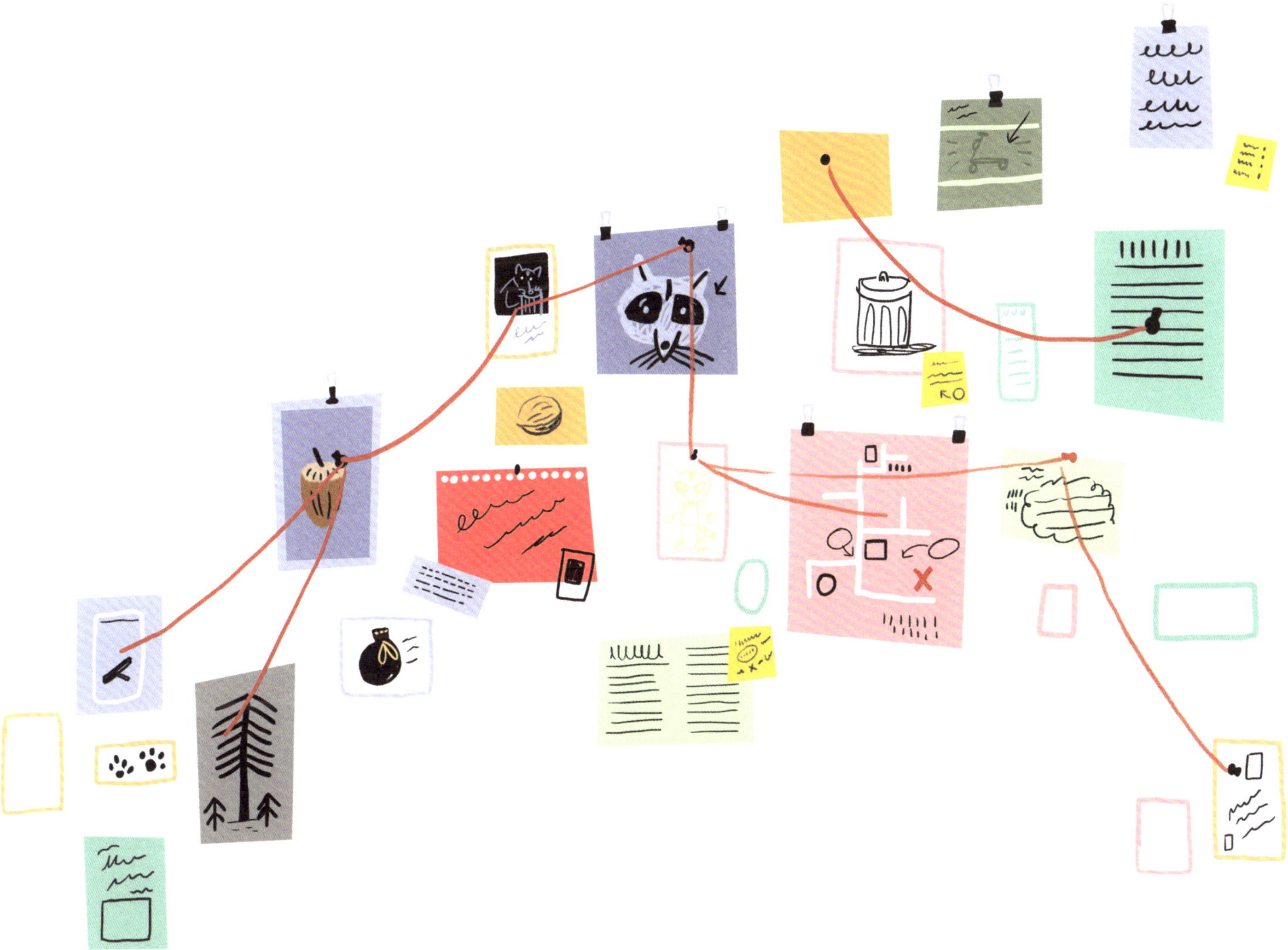

WAS IST EIN SPION?

Das Wort Spion leitet sich von dem italienischen Wort „spiare" ab, was so viel bedeutet wie „spähen" oder „beobachten".

Wenn Spionage die Kunst des Beobachtens und Auskundschaftens eines Feindes ist, dann sind Spione Personen, deren Beruf in der überaus riskanten Beschaffung geheimer Informationen besteht. Spione sind also kühn, gerissen, mutig und stecken gern ihre Nase in fremder Leute Angelegenheiten ... Aber sie müssen auch einzelkämpferisch, diskret, zurückhaltend, aufmerksam, gebildet und vornehm sein.

Spione liefern lediglich Informationen. Es ist die Aufgabe einer anderen Abteilung, diese anschließend richtig zu analysieren. Ihre Arbeit ist zugleich spannend, gefährlich und eine große Herausforderung.

Um ein Spion zu werden, braucht man weder einen Trenchcoat noch einen Schnurrbart, muss sich weder in Wien auskennen noch Zaubertricks beherrschen, eine Aktentasche besitzen oder sich in dunklen Ecken herumdrücken ... Es reicht, ein ganz normaler Mensch zu sein und bereit zu sein, eine besondere Mission zu übernehmen. Und ein guter Riecher kann natürlich auch nicht schaden. Wenn du diese Anforderungen erfüllst, kannst du es weit bringen. Wenn du allerdings gern viel redest und private Dinge ausplauderst, dann wirst du es schwer haben.

LIES DIR ALLES AUFMERKSAM DURCH UND LASS DICH NICHT ABLENKEN.

JEDES WORT IST WICHTIG!

UNVERZICHTBARE FÄHIGKEITEN

Der Bewerbungsprozess für Geheimagenten kann sich bis zu neun Monate hinziehen. Du musst damit rechnen, acht Stunden am Stück über dein Privatleben ausgefragt zu werden.

Begabung, Talent, Vertrauen, Sicherheit, Diskretion ...

Nicht jeder kann ein guter Spion sein.

Im Leben als Spion ergeben sich immer mal wieder Momente, in denen du nicht weiter weißt oder brenzlige Situationen, die du in Zehntelsekunden meistern musst – und zwar auf Anhieb richtig.

Untersuchungen europäischer Neurowissenschaftler zeigen, dass sich das Gehirn eines Berufsspions geringfügig von dem anderer Menschen unterscheidet. Sie besitzen deswegen nicht gleich zwei Kleinhirne und ihr Frontallappen ist auch nicht grün. Aber ein guter Spion muss zweifellos einen wachen und scharfen Verstand haben. Offenbar erreichen elektrische Signale Spionengehirne schneller – ganz so, als ob sie es eilig hätten. Los!

„Ihr Arbeitsgedächtnis ist größer als das von uns Normalos", erklärt einer dieser wichtigen Neurowissenschaftler namens Müller.

EIN KLARER VERSTAND IST WICHTIG. ABER EIN GUTER SPION BRAUCHT NOCH ANDERE WICHTIGE FÄHIGKEITEN.
SCHREIB MIT!

DISKRETION: Ein Spion weiß, dass bestimmte Informationen geheim bleiben müssen.

UMFANGREICHE KENNTNISSE MODERNER TECHNOLOGIEN: Ohne Wissen im Umgang mit den verschiedensten Technologien ist es heute unmöglich, diesen Beruf auszuüben.

AUSGEZEICHNETE FITNESS: Du musst zwar nicht die 100 Meter in weniger als 12 Sekunden laufen, aber du musst Schnelligkeit, Ausdauer, Flexibilität und Kraft trainieren. Denn unzureichende Fitness kann tödlich sein.

EIN HELLES KÖPFCHEN: Schnelles Denken ist sehr hilfreich.

DEZENTES ÄUSSERES: Ein Spion, der sich wie ein Clown kleidet, sorgt für zu viel Gesprächsstoff.

UND NOCH EIN PAAR TOP-FÄHIGKEITEN:

- Teamfähigkeit
- schnell Lösungen für Probleme finden
- Unauffälligkeit und Coolness
- Einfühlungsvermögen, Aufmerksamkeit, Respekt, Glaubwürdigkeit, Geduld, Höflichkeit

- Sprachkenntnisse – so viele wie möglich
- Sinn für Humor. Das bedeutet nicht, dass du ein wandelndes Witzebuch sein musst, aber Lachen ist gesund und öffnet so manche Tür.

— Wofür kauft ein Egoist Obst?
— Pfirsich. Ha, ha, ha.

SPION-TYPEN

Der berühmte chinesische General, Militärstratege und Philosoph Sunzi schrieb um 512 vor Christus *Die Kunst des Krieges*. Seiner Erfahrung nach gibt es fünf Arten von Spionen: die Einheimischen, die Internen, die Doppelagenten, die Überlebenden und die Todgeweihten.

DER EINHEIMISCHE

Das ist ein aus der Bevölkerung angeheuerter Spion.

DER INTERNE

Das ist ein Spion unter den Beamten des Gegners.

GEISTER UND GESPENSTER LIEFERN KEINE INFORMATIONEN. VERLASS DICH AUF DIEJENIGEN, DIE DEN GEGNER KENNEN.
SUNZI

DER ÜBERLEBENDE

Er ist dafür verantwortlich, Informationen zu liefern.

DER DOPPELAGENT

Das ist ein Spion des Gegners, der mithilfe von Bestechung auf die eigene Seite gezogen wird und dann wiederum den Gegner ausspioniert.

DER TODGEWEIHTE

Das ist der Spion, der die Informationen des Gegners mit allen möglichen erfundenen Daten und Berichten verfälscht.

DIE ZWÖLF GOLDENEN REGELN DES SPION-DASEINS

Ja, du wirst merken, dass es mehr als zwölf Regeln gibt. Aber wage es nicht, auch nur eine von diesen hier zu vernachlässigen ...

Lerne, dich **UNAUFFÄLLIG UMZUSCHAUEN**, wenn du die Straße entlanggehst.

HABE GEDULD UND DISZIPLIN.

Höre auf dein **BAUCHGEFÜHL** und vertraue auf deinen **INSTINKT.**

Mach dich **NICHT** von **TECHNIK** abhängig.

Handle
UNERKANNT
und **PRÄZISE:**
Fliege wie ein
Schmetterling, stich
zu wie eine Biene.

**SEI KEIN
GEWOHNHEITS-
TIER,**
überlege immer,
bevor du etwas tust.

**NIMM
NICHTS ALS
GEGEBEN HIN.**

Sei **GUT
INFORMIERT.**
Dafür musst du immer
auf dem neuesten
Stand sein.

Sei
**VORSICHTIG,
BEHUTSAM,
VORAUSSCHAUEND,
SCHARFSINNIG,
FANTASIEVOLL ...**
Bei Rückschlägen darfst
du nicht aufgeben.
In unvorhersehbaren
Momenten musst
du schnelle
Entscheidungen treffen.

**ANALYSIERE
DEINEN GEGNER**
und lerne ihn
umfassend kennen.

Sorge stets für ein
**ÜBERRASCHUNGS-
MOMENT**
bei deinem Feind.

**RISKIERE
NIEMALS**
mehr als nötig.

Und noch eine goldene Regel frei Haus:
Denk an diesen Satz von Ian Fleming, dem Schöpfer von James Bond.
Wir schreiben ihn in Großbuchstaben, damit du ihn nicht vergisst:

**„DAS ERSTE MAL IST ES ZUFALL, DAS ZWEITE MAL
SCHICKSAL UND DAS DRITTE MAL IST ES EINE
FEINDLICHE HANDLUNG."**

DER ECHTE JAMES BOND
Ian Fleming und der Doppelagent
Duško Popov begegneten sich 1941
in einem Hotel in Estoril in Portugal.
Fleming war be-
eindruckt von
diesem kultivierten,
gebildeten, mehr-
sprachigen Mann.
Er inspirierte
ihn, die Figur
James Bond
zu erschaffen.

Wähle
**DIE ZEIT,
DEN ANLASS**
und **DEN ORT** für
deine Operationen
richtig aus.

Schreibe
deine Berichte
**KLAR UND
DEUTLICH.**
Lass alles
Überflüssige weg.

SPIONAGE-TECHNIKEN

Schon seit Tausenden von Jahren wird eifrig spioniert. Dabei wurden Techniken und Strategien entwickelt, die dich staunen lassen.

Im 21. Jahrhundert hat sich der Modus Operandi (das heißt die Vorgehensweise) von Spionen aufgrund des technischen Fortschritts stark verändert. Doch schon immer entwickelten Spione raffinierte Methoden, um bei ihren riskanten Operationen erfolgreich zu sein.

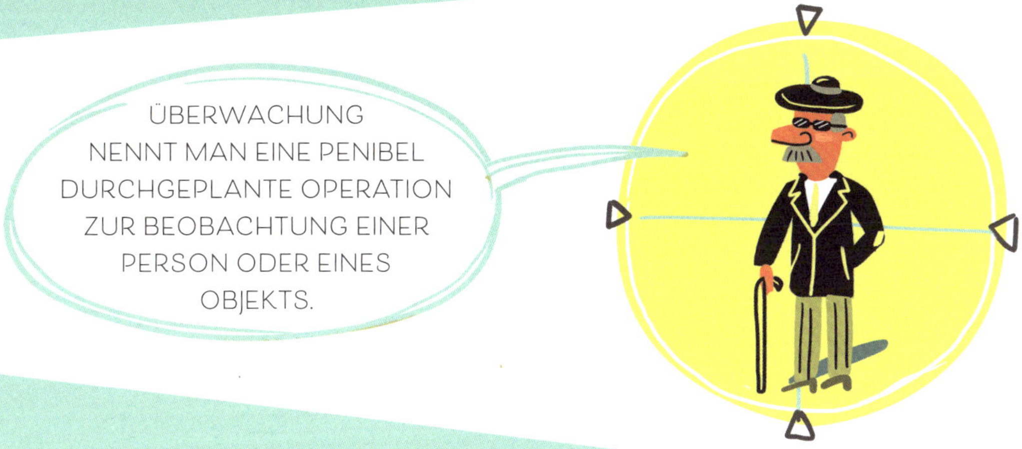

> ÜBERWACHUNG NENNT MAN EINE PENIBEL DURCHGEPLANTE OPERATION ZUR BEOBACHTUNG EINER PERSON ODER EINES OBJEKTS.

VOR-ORT-ÜBERWACHUNG

Um eine anständige Überwachung durchführen zu können, müssen Aufenthaltsort und Umgebung der Zielperson zuvor genau ausgekundschaftet werden. Es ist ratsam, mit detaillierten Karten zu arbeiten, um das Gebiet vor Ort zu erkunden und die am besten geeigneten Überwachungspunkte zu finden: Kioske, Cafés mit großen Fenstern, Geschäfte, Parks oder Dächer von Gebäuden.

Denn natürlich willst du niemals entdeckt werden!

FERNÜBERWACHUNG

Bei einer Überwachung folgst du einer Person nicht nur Schritt für Schritt auf der Straße. Du kannst sie auch aus der Ferne mithilfe von Abhörgeräten auskundschaften. Und da gibt es inzwischen allerhand Möglichkeiten: Minikameras mit Fernsteuerung und künstlicher Intelligenz zur Personenerkennung, Nachtsichtgeräte, modernste Mikrofone, die in den unscheinbarsten Gegenständen versteckt sind und den Ton in hoher Qualität übertragen und vieles mehr.

ANTENNE

OPERATION „ACOUSTIC KITTY"

BATTERIE

SENDER

MIKROFON

Eines der spektakulärsten Beispiele für Fernüberwachung: Einer speziell trainierten Katze implantierte die CIA ein Mikrofon mit Antenne, Sender und einer Batterie. Alles musste so geschehen, dass sich das Tier weiterhin ganz natürlich verhielt. Für die CIA war die Operation „Acoustic Kitty" ein hochriskantes Experiment. Und das zu Recht, denn unter keinen Umständen durfte das Spionagekätzchen auffliegen.

1. Überprüfe, ob bei der Katze alles am rechten Fleck sitzt: Ohren, Schwanz, Batterie, Mikrofon.

2. Freie Bahn, spitze Ohren, aufgestellter Schwanz, keine Maus weit und breit.

3. Höchste Präzision ist gefragt. Unnötige Aufzeichnungen sofort löschen.

4. Raubvögel in Sicht? Vorsicht, sie könnten deine Pläne durchkreuzen.

INFILTRATION

Die Infiltration ist eine Methode, um sich unbemerkt beim Gegner einzuschleusen. So erhältst du nützliche Informationen über den Feind und kannst seinen Plänen zuvorkommen.

Das Manöver erfordert einen verdeckten Agenten, den sogenannten Maulwurf. Seine Aufgabe ist es, das Vertrauen der Person zu gewinnen, die über die wertvollsten Informationen verfügt. Diese Neuigkeiten nutzt du dann für deine Zwecke.

Arten der Infiltration

1

Ein Zivilist mit besonderer Ausbildung schleust sich beim Gegner ein und gibt sich als einer von ihnen aus.

Der israelische Spion Eli Cohen gab sich als syrischer Geschäftsmann aus und freundete sich sogar mit dem Präsidenten von Syrien an.

2

Ein Bürger des feindlichen Landes gibt sich als Bürger eines befreundeten dritten Landes aus.

DURCHDRINGUNG

Bei der Durchdringung muss der Spion mit einer Person der gegnerischen Seite zusammenarbeiten. Geld oder Geschenke spielen dabei keine Rolle, dafür aber präzise Informationen. Der Eindringling gibt sich freiwillig als Überläufer, ja sogar als Verräter zu erkennen. Oft behauptet er, wichtige Informationen zu besitzen, die seine neuen Freunde verblüffen würden. Auf diese Weise erhält er Informationen und Daten aus erster Hand, die er wiederum nach Hause übermitteln kann.

3

Ein Spion, der bereits mit dem Feind zusammengearbeitet hat, wird angeheuert.

Mata Hari (Agentin H-21) arbeitete als Tänzerin in einem Berliner Varieté, als sie vom deutschen Geheimdienst angeheuert wurde.

Ihr Auftrag: Militärische Informationen in Frankreich beschaffen. Doch als sie in Frankreich ankam, bot sie dem französischen Geheimdienst an, für ihn als Spionin zu arbeiten. Eine echte Doppelagentin!

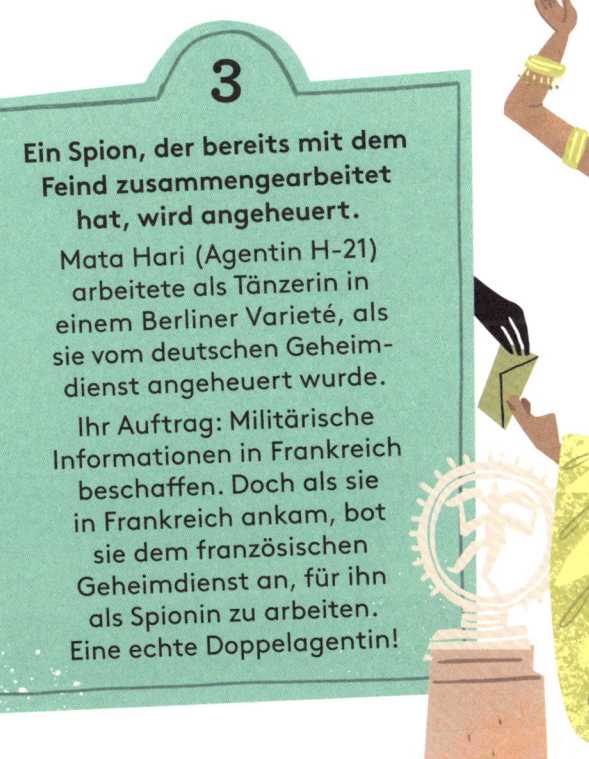

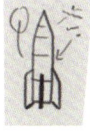

4

Ein Agent taucht unerwartet auf und bietet seine Dienste an.

KOMMUNIKATIONS-METHODEN

Ohne Informationsaustausch läuft gar nichts. Wenn du nicht gleich beim ersten Versuch auffliegen willst, solltest du lernen, wie du deine Nachrichten sicher verschlüsselst.

Die Geschichte der Kryptografie reicht Tausende Jahre zurück. Das Wort kommt aus dem Altgriechischen: von *kryptós* („verborgen") und *gráphein* („schreiben"). Es bezeichnet also die Kunst des verschlüsselten Schreibens mit einem Geheimcode. Mit anderen Worten: Du verschlüsselst und entschlüsselst Nachrichten mit einem Code, den nur einige wenige Personen kennen. In gewisser Weise erfinden Spione also ihre eigenen Sprachen.

Aber Achtung: Eine Nachricht zu verschlüsseln ist genauso wichtig, wie sie an den Empfänger zu übermitteln. Dabei kannst du aus dem Vollen schöpfen: Du veröffentlichst die Botschaft in Form einer Zeitungsanzeige oder du setzt ein Rauchzeichen von einem Berggipfel ab oder du schaltest den Lichtschalter ein und aus – nicht irgendwie, sondern nach dem Morsealphabet und am besten nachts. Deine Botschaft könntest du auch um das Bein einer Brieftaube rollen, sie in einem Sandwich verstecken oder im Ordner „Entwürfe" eines geheimen E-Mail-Kontos speichern ... Auch althergebrachte Methoden werden noch immer genutzt wie die Übergabe per Hand und die Übermittlung per Brief oder Telefon.

Bei der Kryptografie ging es schon immer um Staatsgeheimnisse und große Kriege. Heute untersucht sie Algorithmen und Informationssysteme. Das soll helfen, unsere Kommunikation sicherer zu machen.

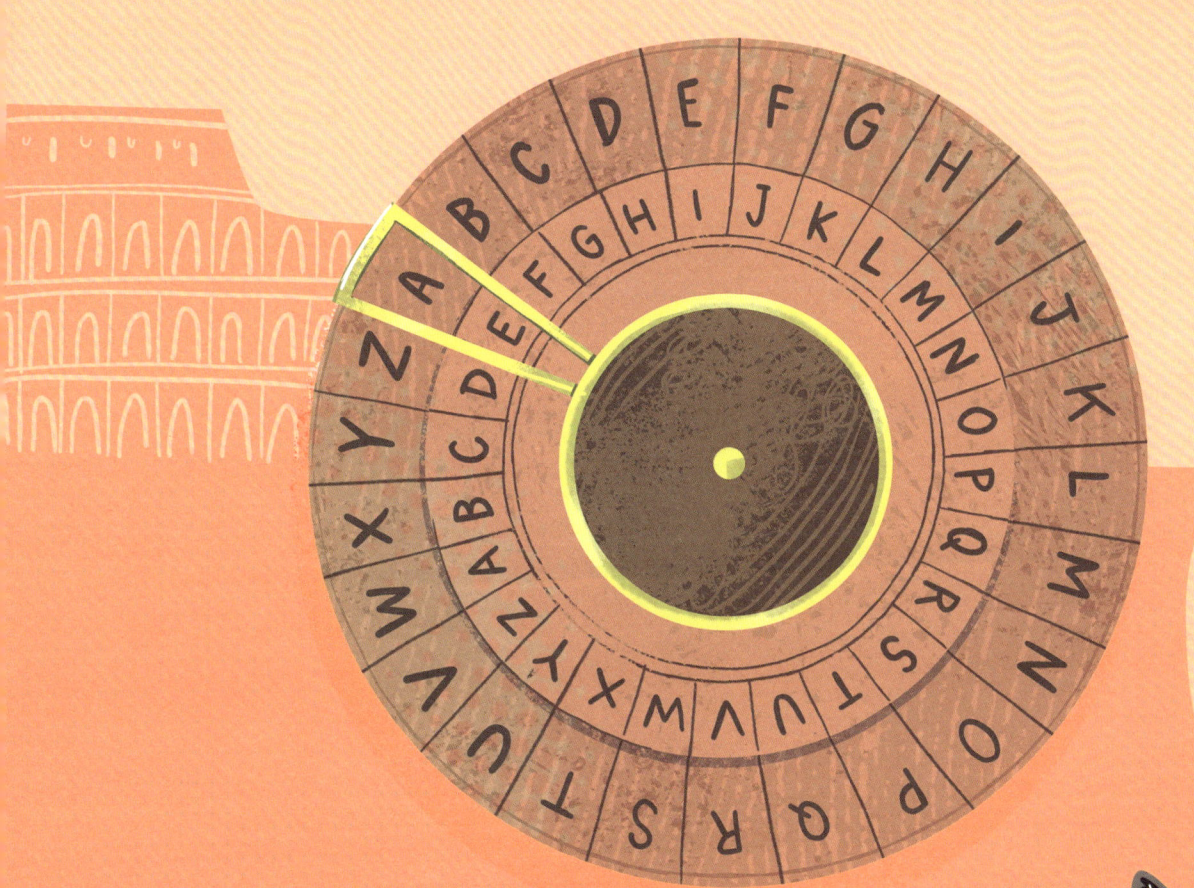

EYD ZAJGA, ZQ DWOP GAEJA VAEP, OK REAHA XQAYDAN VQ HAOAJ. SWADHA AEJO WQO ZAN XEXHEKPDAG, ZQ SAEOOP SAHYDAO. HAC HKO!

CHIFFRIERSCHEIBE VON ALBERTI

Im Jahr 1466 erfand der Gelehrte Leon Battista Alberti die sogenannte Alberti-Chiffre. Sie gilt als eine der ersten polyalphabetischen Verschlüsselungsverfahren. Dabei wird einem Buchstaben oder Zeichen jeweils ein anderer Buchstabe oder ein anderes Zeichen zugeordnet.

Sie besteht aus zwei Kupferscheiben. In beide Scheiben ist das Alphabet eingraviert und sie drehen sich unabhängig voneinander. Mit ihrer Hilfe können Nachrichten verschlüsselt und entschlüsselt werden.

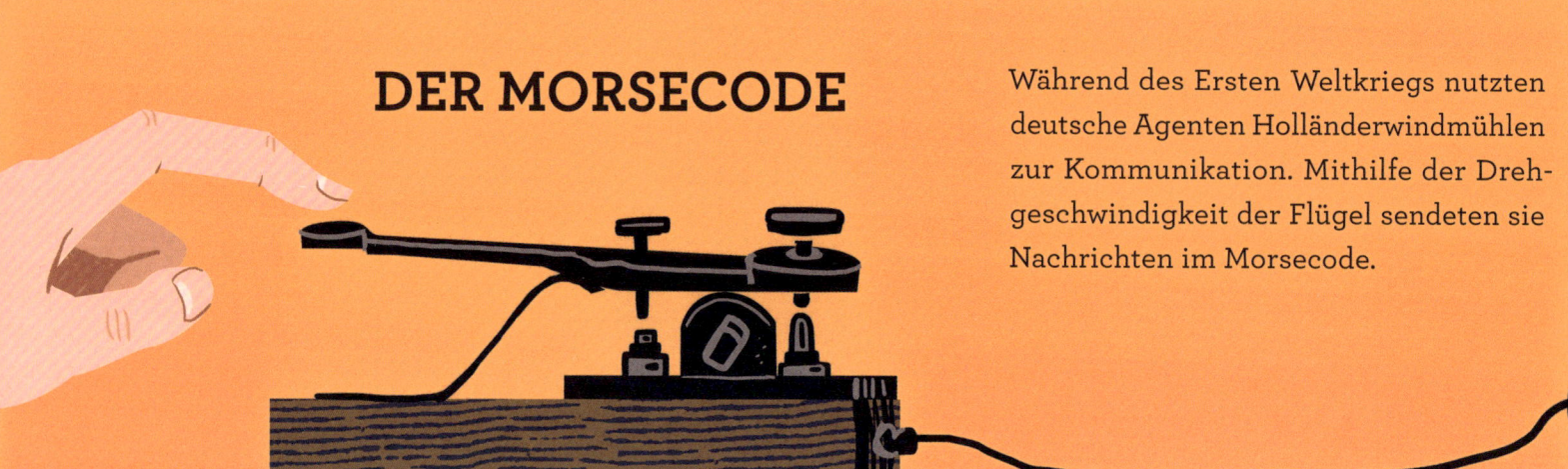

DER MORSECODE

Während des Ersten Weltkriegs nutzten deutsche Agenten Holländerwindmühlen zur Kommunikation. Mithilfe der Drehgeschwindigkeit der Flügel sendeten sie Nachrichten im Morsecode.

JEFFERSON-WALZE

Der dritte Präsident der USA entwickelte ein Verschlüsselungssystem, das aus einem Zylinder mit 36 Scheiben besteht. Am Rand jeder Scheibe stehen die 26 Buchstaben des Alphabets. Durch das Drehen der Scheiben kann auf einer Zeile eine Nachricht eingestellt werden. Die anderen 25 Zeilen sind verschlüsselt. Eine dieser Zeilen mit Geheimtext wird ausgewählt und an den Empfänger geschickt.

Um die Nachricht zu entziffern, muss der Empfänger die Buchstaben des Codes in der richtigen Reihenfolge auf seinem Zylinder anordnen. Unter den anderen 25 Zeilen befindet sich die Buchstabenreihe mit der Botschaft, die der Empfänger ausfindig machen muss. Ziemlich verwirrend, stimmt's? Aber mit der Abbildung ist es leichter zu verstehen.

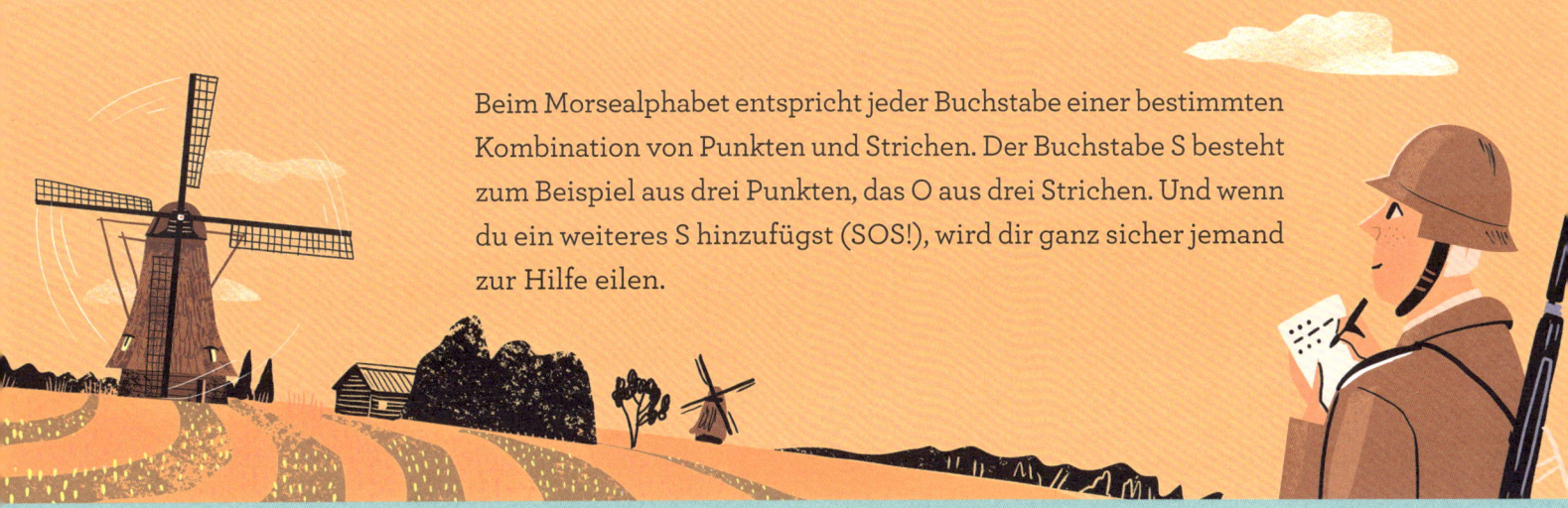

Beim Morsealphabet entspricht jeder Buchstabe einer bestimmten Kombination von Punkten und Strichen. Der Buchstabe S besteht zum Beispiel aus drei Punkten, das O aus drei Strichen. Und wenn du ein weiteres S hinzufügst (SOS!), wird dir ganz sicher jemand zur Hilfe eilen.

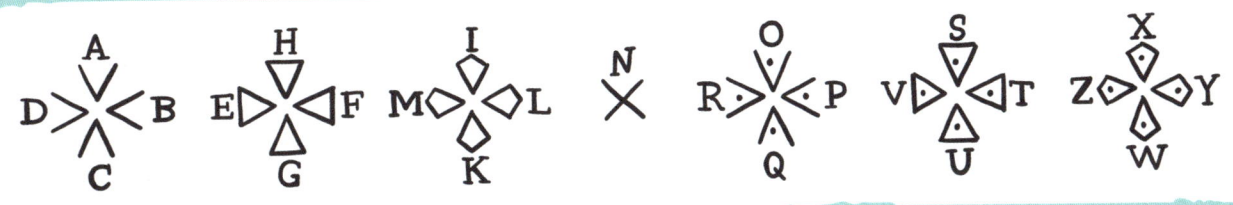

FREIMAURER-ALPHABET

Hierbei handelt es sich um eine sogenannte monoalphabetische Substitutionschiffre. Jeder Buchstabe wird dabei durch ein Geheimzeichen ersetzt. Durch die Anordnung der Buchstaben in Quadraten entstehen die Geheimzeichen.

Man nennt sie auch Rosenkreuzer-Chiffren, denn im mittelalterlichen Deutschland gab es einen Geheimbund mit diesem Namen. Es heißt, dass dessen Mitglieder die Geheimschrift erfunden haben.

DIE ENIGMA

Die Enigma-Schlüsselmaschine meldete der deutsche Arthur Scherbius im Jahr 1918 zum Patent an. Bei seinem Tod 1929 ahnte der Ingenieur für Maschinenbau und Elektrotechnik noch nicht, welch bedeutenden Einfluss seine Erfindung auf den Verlauf des Zweiten Weltkriegs haben sollte.

Die Deutschen setzten die hochkomplexe und inzwischen berühmte Enigma-Maschine zur Ver- und Entschlüsselung von Nachrichten ein. Deutsche U-Boote, die im Atlantik stationiert waren, nutzten sie, um untereinander und mit der Heimat per Funk Informationen auszutauschen.

Die Enigma-Maschine sah aus wie eine Schreibmaschine. Wenn man eine Taste drückte, wurde ein Buchstabe in einen anderen umgewandelt. So entstand aus einer Botschaft ein Buchstabensalat, den nur eine andere Enigma verstehen konnte. Der Vorgang scheint einfach, aber diese Art der Verschlüsselung war unglaublich sicher. Und die Anzahl der möglichen Kombinationen war unfassbar hoch: 160 Trillionen! Wahnsinn, oder?

Irgendwann schaffte man es aber trotzdem, die deutschen Nachrichten zu entziffern. Dabei half die Kaperung des deutschen U-Boots U-110, das eine dieser Maschinen an Bord hatte sowie die Studien des britischen Mathematikers Alan Turing, Vater der modernen Informatik. Er galt als Genie von Bletchley Park. Auf diesem Landsitz entschlüsselten die Briten die Geheimsprache der Enigma. Als Schlüsselfigur gilt auch der polnische Codeknacker Marian Rejewski, der als Erster die Verschlüsselung der Maschine rekonstruierte.

Mehr als 7.000 Frauen waren schätzungsweise in Bletchley Park beschäftigt (1945 machten sie 75 Prozent des Personals aus!). Die Leistung der Mathematikerin und Kryptoanalytikerin Joan Clarke muss besonders hervorgehoben werden. Sie arbeitete Seite an Seite mit Alan Turing und seinem Team daran, die Funktionsweise dieses Nachrichtenverschlüsselungssystems zu knacken. Damit halfen sie, den Zweiten Weltkrieg zu verkürzen.

TOTER BRIEFKASTEN

Das ist ein geheimer Briefkasten, den man auch "dead drop" nennt.

Bei dieser altbekannten Methode geben Personen geheime Informationen oder Päckchen über ein Versteck weiter. Du musst nicht anwesend sein, wenn der Empfänger die Botschaft abholt.

1. Bestimme den Ort der Übergabe.
2. Checke die Lage: Ist die Luft rein?
3. Verstecke die Nachricht im toten Briefkasten.
4. Deine Kontaktperson ist schon unterwegs.
5. Lass dich nicht erwischen.

Robert Hanssen, ein ehemaliger FBI-Agent, hatte mehr als 20 Jahre lang für die Sowjetunion (und später für das postkommunistische Russland) spioniert. Im Februar 2001 wurde der Spion in einem Park in Virginia (USA) verhaftet. Er wollte gerade ein Paket mit Dokumenten in einem toten Briefkasten verstauen und eine hohe Geldsumme aus einem anderen toten Briefkasten abholen.

WAS EIN SPION TUNLICHST VERMEIDEN SOLLTE

Das Leben als Spion hat seine Tücken. Es ist nicht ganz so einfach, wie du vielleicht denkst – schon gar nicht bei einem Einsatz rund um die Uhr. Zunächst einmal gilt es, zu leugnen, dass du ein Spion bist – egal wer dich wie oft fragt. Wenn ein Spion zugibt, ein Spion zu sein, dann ist er erledigt.

Der Lieblingsspruch des Briten und Ex-Spions Kim Philby lautete: „Leugnen, leugnen, leugnen."

Sind Sie ein Spion?

Nein.

Sie sind wirklich kein Spion?

Nein.

Oder ein Geheimagent?

Nein.

Sie leugnen es also.

Ich bestreite, ein Spion, Geheimagent oder Fan von Manchester City zu sein.

Und dieser Akten-koffer voller geheimer Dokumente?

Er enthält lediglich die bahnbrechende Formel für Haar-wachstum.

Sie könnten übrigens ein paar Tröpfchen gebrauchen.

4

Damit dir möglichst keine Fehler und Nachlässigkeiten passieren, hier einige Tipps:

1. Du musst mit deiner Ausrüstung immer auf jede erdenkliche Situation vorbereitet sein. Die Nichtbeachtung dieser Regel kann sehr gefährlich werden.

2. Du darfst keinerlei Spuren hinterlassen. Alle Hinweise auf deine Arbeit, egal in welcher Form, musst du löschen. Sei so sauber wie Meister Proper.

3. Es gibt Situationen, die Gelassenheit und Geduld erfordern. Unruhe (Zittern, Übelkeit, Schwitzen …) verrät dich. Verliere absolut niemals die Nerven!

4. Lass dich nie bei einer Überwachung ertappen (halte Abstand und beobachte aus der Ferne).

5. Du musst ein Gedächtnis wie ein Elefant haben und darfst niemals eine Akte mit verräterischen Fotos im Bus oder einen USB-Stick in einem Computer vergessen.

Auch diese Marotten können deinen Erfolg gefährden:

1. dich für einen Filmstar halten

2. in der Nase bohren

3. auffällige Kleidung tragen

4. mit vollen Händen Geld ausgeben

5. arrogant sein

6. die Körperpflege vernachlässigen, ganz zu schweigen von der Zahnpflege ...

7. den Wecker falsch stellen

8. Ost und West verwechseln, oder die Schweiz mit Schweden

9. dich ablenken lassen

Werner von Janowski (alias Bobbi) gilt als der schlechteste Spion der Geschichte. Offenbar wollte ihm nichts gelingen. Nicht einmal der Buchstabe W.

PACKLISTE FÜR SPIONE

NUR
FÜR DEN
FALL…

CG 5824-S, alias Morris Childs, war ein FBI-Agent, der die Kommunistische Partei der USA infiltrierte. Er wurde 1902 im damaligen Russischen Reich als Moische Tschilowski in eine jüdische Familie geboren. Seine ersten Lebensjahre verbrachte er in Russland, bis seinem Vater, der aktiver Gegner des Regimes von Zar Nikolaus II. war, 1910 die Flucht in die USA gelang.

Morris Childs hatte nichts mit Filmspionen gemein: Er war sehr diskret und unauffällig. Sein gewöhnliches Aussehen war seine beste Tarnung. Jede falsche Bewegung konnte ihn verraten, deshalb war er äußerst vorsichtig. Vielleicht füllte er deshalb seinen Koffer immer mit einer Menge seltsamer Dinge. „Nur für den Fall", antwortete er auf die Frage nach dem Grund – auf Englisch: „Just in case." Und das wurde sein Spitzname: Justin Case.

Hier ist eine lange Liste von „sonstigen Dingen" für deinen Spionage-Koffer:

eine Flasche Wasser, ein Korkenzieher, ein Bleistift, eine Pinzette, ein Stück Seife, ein Hustenbonbon, ein Inhalator, ein Radiergummi, ein Gummiband, eine Schirmmütze, ein Wörterbuch, ein Toaster (nur für den Fall), eine Fliege, ein Kulturbeutel, ein Schokoriegel, ein Cuttermesser, ein Faltschirm, ein Schwamm, ein Kamm, ein Mückenschutzmittel, eine Handcreme, eine Gemüsesuppe (nur für den Fall), Flip-Flops, Kopfhörer, ein Buch, eine dünne Decke, ein Vorhängeschloss, eine Dose Tintenfisch in eigener Tinte …

STATUS: AKTIV

Herzlichen Glückwunsch! Wenn du bisher alles aufmerksam gelesen hast, kannst du dich schon fast als Geheimagent fühlen. Du weißt bereits eine Menge über diese geheimnisvolle Welt. Jetzt wird es Zeit, selbst loszulegen!

ERFINDE DIR EINE GEHEIM-IDENTITÄT

Die Wahl eines guten Decknamens ist wichtig, damit niemand weiß, wer du wirklich bist. Erfinde dir ein neues Leben, aber übertreibe nicht, denn es ist leichter, sich einfache Dinge zu merken. Wenn du zu viele Geschichten erzählst, fällt es dir schwerer, dich an die Details zu erinnern – du könntest dich blamieren.

GEHEIM-AUSWEIS

AGENT
PINSELOHR

ES SCHADET NICHT, EINEN DIENSTAUSWEIS ZU HABEN. ABER DU SOLLTEST IHN NIE BEI DIR TRAGEN, WENN DU VOM FEIND GEFANGEN GENOMMEN WIRST.

Dieser Ausweis zerstört sich selbst in 3, 2, 1...

BUMM!

Denk daran: Spione haben einen erlesenen Kleidungsstil. Du musst nicht unbedingt Anzug und Krawatte tragen, aber bitte auf keinen Fall ein zerfleddertes T-Shirt! Auch nicht diese karierten Filzpantoffeln, du weißt schon, die man zu Hause trägt. Hausschuhe eben. Es sei denn, der Auftrag erfordert dies.

Betrachte dich im Spiegel. Verzieh keine Miene, stelle dich aufrecht hin und sieh dich an. Überprüfe dein Aussehen und deine Frisur. Achte darauf, dass du keine Schokoladenreste in den Mundwinkeln oder sonstwo kleben hast.

Erstelle eine Liste mit deinen stärksten Fähigkeiten. Nicht alle Spione sind in allem gut: Mata Hari war eine talentierte Tänzerin, Josephine Baker hingegen eine überragende Sängerin und Schauspielerin, und doch wurden sie später legendäre Agentinnen. Für jede Art von Spion findet sich ein Auftrag.

TOP SECRET
(Geheimakte)

MACADAMIA-AGENTUR

NAME: EIK HORN

CODENAME: AGENT PINSELOHR

IM NOTFALL KONTAKTIEREN:
ZWILLINGSBRUDER KAI HORN

FAHRZEUGTYPEN: ALLE

SPEZIALITÄT: HARTE NÜSSE KNACKEN

SPRACHEN: 8 ODER 9, ODER SOGAR 10

GEHEIMTREFFPUNKT:
SECHSTER ZWEIG DES WALNUSSBAUMS,
ECKE FEIGENBAUM

ERKENNUNGSSATZ:
MEIN HAWAII HEISST NORDERNEY.

**Der Name deiner Mission
ist ebenfalls wichtig.**

Hier ein paar Beispiele:
Operation Origami Game,
Mission Chipmunk Galaxy ...

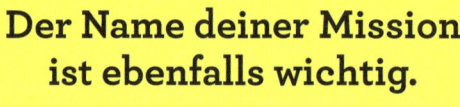

PLANE EINE ÜBERWACHUNG

Erstelle einen detaillierten Plan, denn ein guter Spion überlässt nie etwas dem Zufall. Studiere Karten der Gegend, suche nach einem guten Versteck und kenne stets einen sicheren Fluchtweg.

Studiere deine Zielperson: Beobachte ihren Tagesablauf und notiere ihre Routinen. Jedes Detail kann von Bedeutung sein.

MACH DIR DEINE BESONDERHEITEN ZUNUTZE

Richebourg war ein kleinwüchsiger Spion. Er war nur 58 Zentimeter groß, sehr intelligent und besaß ein augezeichnetes Gedächtnis. In einem Kinderwagen in eine Decke gewickelt gab er sich als Baby aus und erregte so keinerlei Verdacht.

VERSCHLÜSSLE DEINE NACHRICHTEN

Du willst doch nicht durch einen blöden Notizzettel verraten werden, oder?

Überlege dir, auf welche Art du deine Nachricht verschlüsseln willst.

Hier sind einige Ideen

(mehr auf Seite 25):

A

Ordne die Buchstaben in deiner Nachricht. Wende dazu die Transpositionsmethode an.

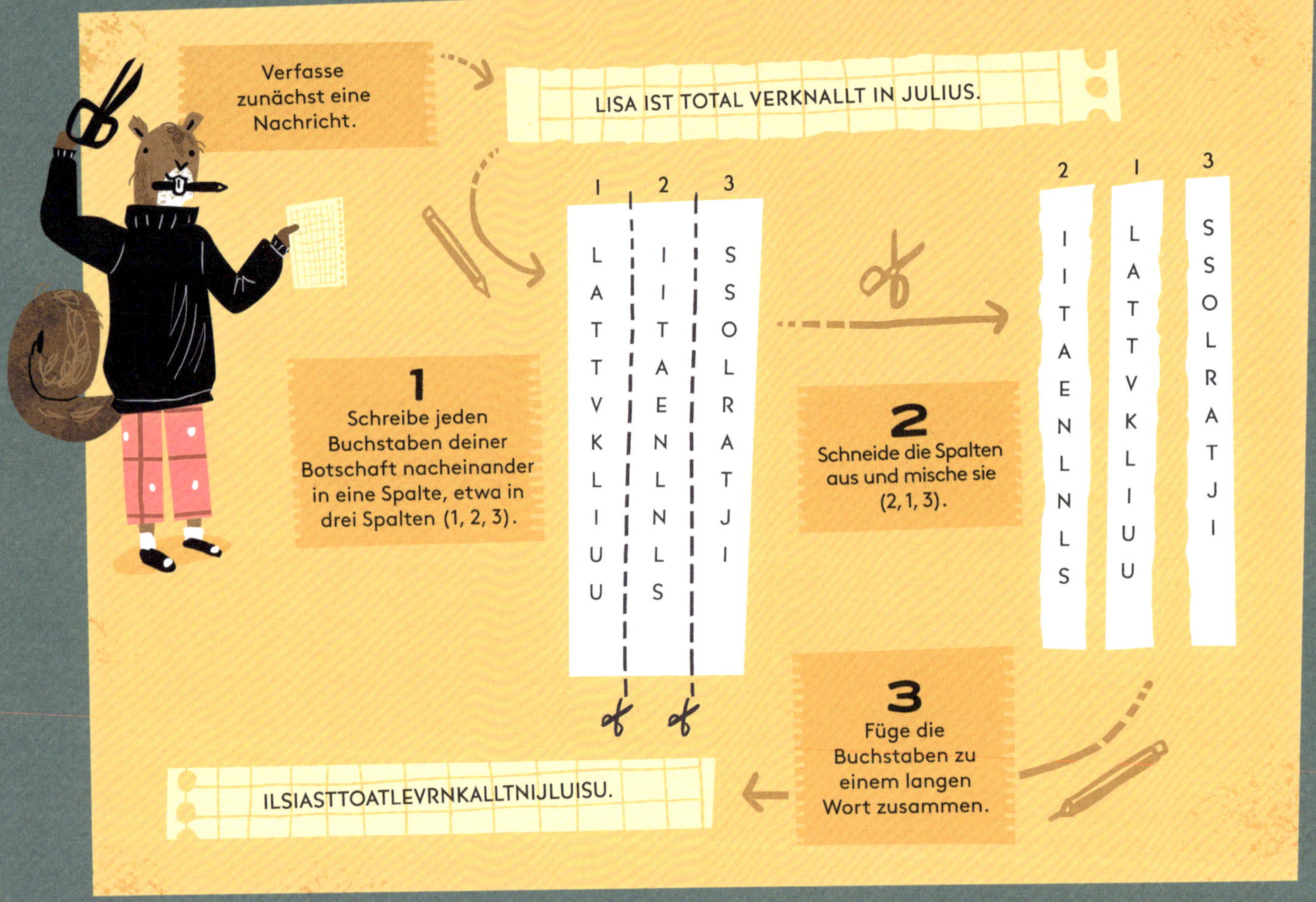

Verfasse zunächst eine Nachricht.

LISA IST TOTAL VERKNALLT IN JULIUS.

1

Schreibe jeden Buchstaben deiner Botschaft nacheinander in eine Spalte, etwa in drei Spalten (1, 2, 3).

```
1       2       3
L       I       S
A       I       S
T       T       O
T       A       L
V       E       R
K       N       A
L       L       T
I       N       J
U       L       I
U       S
```

2

Schneide die Spalten aus und mische sie (2, 1, 3).

```
2       1       3
I       L       S
I       A       S
T       T       O
A       T       L
E       V       R
N       K       A
L       L       T
N       I       J
L       U       I
S       U
```

3

Füge die Buchstaben zu einem langen Wort zusammen.

ILSIASTTOATLEVRNKALLTNIJLUISU.

B

Verwende ein Ersatzsystem. Ändere die Sprach-einstellung auf der Tastatur deines Computers. Auf der isländischen Tastatur verbirgt sich hinter unserer Taste „ö" etwa der Buchstabe „æ". Wer nicht weiß, dass du diesen Trick angewendet hast, versteht nur Bahnhof.

Merk dir, wie du zur Ausgangssprache zurückkehrst. Ansonsten wird dein Computer unbenutzbar ...

C

Nutze Altbewährtes, zum Beispiel die Skytale der Spartaner (eines der ersten bekannten Verschlüsselungsverfahren). Alles, was du brauchst, ist ein Besenstil, ein Stoffband und ein Stift, mit dem du auf dem Stoff schreiben kannst.

1
Wickle das Band um die Stange.

2
Schreibe die Nachricht senkrecht drauf. So kann sie nur auf einem gleich dicken Stock gelesen werden.

3
Verstecke die Nachricht. Die Spartaner verwendeten die Skytale als Gürtel.

BESCHAFFE DIR EINE GRUNDAUSSTATTUNG

DIE KUNST DER ÜBERZEUGUNG

Spione müssen Überzeugungskünstler sein. Du musst es schaffen,
Anderen Informationen zu entlocken, ohne dabei Verdacht zu erregen.

Hier ein paar Tipps:

- Vermeide hochtrabende Sprache. Worte wie hostil,
  fiskal, Konsternation, konventionell, untadelig,
  nachstellen oder Langmut können dich entlarven.

- Forme Fragen in Aussagen um. Fragen in Aussagen
  umwandeln? Fragen in Aussagen verwandeln.

- Führe in die Irre: „Wussten Sie, dass es einen Füllfeder-
  halter gibt, der mit reiner Kakaotinte schreibt?"

- Stelle ganz konkrete Fragen.

- Tritt als Doppelagent auf und baue eine vertrauensvolle
  Beziehung zu deiner Zielperson oder zu Personen in ihrem
  Umfeld auf. Sammle Beweise, werte Fakten aus und befrage
  alle Beteiligten.

- Sei freundlich, natürlich, setze deinen Charme ein, sei
  nicht plump, nutze deinen gesunden Menschenverstand
  und stelle dein ganzes Können unter Beweis.

- Der Anschein von Normalität ist deine beste Waffe.
  Sei mutig, geduldig und verzweifle nicht. Geh Schritt
  für Schritt vor, damit du alles unter Kontrolle behältst.

Und denk dran:
G-D-V
geheim, diskret, vorbereitet

AUFGEFLOGEN.
UND NUN?

Hast du etwa Seite 32 nicht gelesen? „**Leugnen, leugnen, leugnen.**" Das ist dein einziger Ausweg. Mit vorgetäuschter Gelassenheit musst du alles abstreiten. Und falls man dir noch immer nicht glaubt, nutze diese Formulierungen, um Anschuldigungen zu entkräften, die dich in Verlegenheit bringen:

Und ist die Beweislage auch noch so erdrückend: im Notfall kannst du immer noch behaupten, dass du für ein Schulprojekt „recherchiert" hast, über … den Einfluss von … Schokopralinen auf … das Nervensystem.

Bevor es soweit kommt, kannst du immer noch versuchen, falsche Fährten zu legen und deinen Gegnern ein paar nützliche Informationen zu entlocken. Und wenn nichts mehr hilft: Mach dich schnell aus dem Staub!

DER LEIMTROPFEN

Oleg Gordijewski, Oberst beim russischen Geheimdienst KGB und Doppelagent, wurde mit seiner Frau nach Kopenhagen geschickt, um Informationen zu sammeln und potenzielle Agenten zu rekrutieren. Sprich: um zu spionieren.

Der dänische Geheimdienst PET erkannte bald, dass Gordijewski (alias Uncle Gormsson) ein KGB-Spion war. Als das Paar bei einer Dinnerparty weilte, verwanzte der PET seine Wohnung mit Mikrofonen. Doch Gordijewski hatte kein gutes Gefühl bei der Einladung gehabt und deshalb vorsichtshalber Klebstoff zwischen Wohnzimmertür und Türrahmen getropft. Als er vom Abendessen zurückkehrte, war das unsichtbare Siegel zerstört. Da wusste er: Er wurde überwacht.

SPIONE VON GESTERN UND VORGESTERN

JUNGSTEINZEIT

Wissenschaftler vermuten, dass sich verfeindete Gruppen selbst in der Jungsteinzeit schon gegenseitig ausspionierten.

SARGON VON AKKAD

Im dritten Jahrtausend vor Christus schuf er ein Netz aus Spionen und wurde zum ersten Herrschers über ein Großreich in der Geschichte.

ANTIKES GRIECHENLAND

Die Anfänge der Verschlüsselung liegen im antiken Griechenland. Schon damals wusste man, dass es nicht nur wichtig war, Informationen vom Feind zu erhalten, sondern auch Befehle auf sichere Weise zu übermitteln.

RÖMISCHES REICH

Jeder Politiker hatte ein Spionagenetz. Historikern zufolge schickte Feldherr Publius Cornelius Scipio Africanus als Sklaven verkleidete Zenturionen (Offiziere der Römischen Armee) in das feindliche Lager. Auf diese Weise erhielt er wertvolle Informationen und es gelang ihm, den karthagischen Heerführer Hannibal zu besiegen.

DIE POCHTECA: KAUFLEUTE UND SPIONE

Diese aztekischen Kaufleute nutzten ihre ständigen Reisen und den Handel mit Waren aller Art, um Informationen von den Völkern zu erhalten, die sie später eroberten.

BOTSCHAFTER ODER GEHEIMAGENT?

Im Mittelalter waren die Agenten fast immer Botschafter an den kaiserlichen Höfen. Sie nutzten Kaufleute, Ärzte, Seeleute etc., um an wertvolle und präzise Informationen zu gelangen.

KARDINAL RICHELIEU

Während der Herrschaft von Ludwig XIII. tauchte die Figur des Kardinals und Premierministers Richelieu auf (wenn du mehr über ihn wissen möchtest, lies *Die drei Musketiere*). Er gilt als Erfinder der Inlandsspionage.

DIE SHINOBI

In Japan, dem Reich der aufgehenden Sonne, erschienen die Shinobi (oder Ninjas). Es waren Samurai, die von der Regierung mit Spionagetätigkeiten beauftragt wurden.

NAPOLEON I.

Er organisierte einen modernen und effizienten Geheimdienst und eine Geheimpolizei.

DOMINGO BADÍA Y LEBLICH

Spaniens König Karl IV. verfügte über einen der kühnsten und abenteuerlichsten Agenten der Geschichte. Er war als mehrsprachiger Reisender, Schriftsteller und Wissenschaftler von großer Bedeutung für die Spionage im Sultanat Marokko.

CULPER RING

Der Culper Ring war eine Spionageorganisation unter George Washington während des Amerikanischen Unabhängigkeitskrieges zwischen den US-amerikanischen Kolonien und der britischen Kolonialmacht.

INDUSTRIESPIONAGE

John Lombe war der Sohn eines
Seidenproduzenten, der im 18. Jahrhundert
eine Fabrik in Derby (England) besaß.
Er wusste, dass die besten Seidenfäden
im italienischen Piemont gewebt wurden.
Also reiste er dorthin, um sich über die
innovative Produktionsweise zu informieren.
Er schlich sich nachts in die italienische
Spinnerei und fertigte bei Kerzenlicht genaue
Zeichnungen der Maschinen an, um
diese zurück nach Derby zu schmuggeln.

FRAUEN GANZ VORN DABEI

Als der Erste Weltkrieg 1914 in Europa ausbrach,
hatte sich das Spionagenetz erheblich vergrößert,
wobei Frauen eine zunehmend wichtige
Rolle spielten. Die legendäre Mata Hari; Maria
Botschkarjowa, die Anführerin eines russischen
Frauenbataillons; Dorothy Lawrence, die
Journalistin, die sich als Soldat verkleidete;
die britische Krankenschwester Edith
Cavelle und viele andere waren Pionierinnen
dieser neuen Agentengeneration.

EIN BLICK INS 20. UND 21. JH.

UNTERNEHMEN BARBAROSSA

Richard Sorge (1895–1944) war ein Agent im Dienst der Sowjetunion. Er schuf ein perfektes internationales Spionagenetz. Seine Berichte haben nicht nur Moskau geschützt, sondern auch zum Sieg über den Nationalsozialismus beigetragen.

Sorge meldete die Angriffspläne Hitlers auf die UdSSR, bekannt als „Unternehmen Barbarossa", und auch das genaue Datum von Tokio aus.

Sorge wurde in Tokio enttarnt, zum Tode verurteilt und am 7. November 1944 gehängt, dem Jahrestag der Oktoberrevolution – quasi als Botschaft der japanischen Regierung an Stalin. Seine letzten Worte waren: „Es lebe die Sowjetunion! Es lebe der Kommunismus! Es lebe die Rote Armee!"

Manhattan-PROJEKT

Margarita Konjonkowas (1895–1980) Tarnname bei dem sowjetischen Geheimdienst war Lucas. Sie war eine Spionin auf US-amerikanischem Boden. Ihr Auftrag konzentrierte sich auf die Entwicklung und den Bau der Atombombe, das sogenannte „Manhattan-Projekt".

Sergei Konjonkow, Ehemann von Lucas und von Beruf Bildhauer, bekam den Auftrag, eine Büste von Einstein zu fertigen. Damals begann die vermeintlich zufällige Beziehung zwischen dem Vater der Relativitätstheorie und der brillanten Spionin. Die Romanze ist durch Briefe belegt, die sie sich schrieben. Vielleicht steht in einem dieser Schriftstücke ja auch: „Liebe ist relativ, mein Schatz."

Eine geniale Kryptoanalytikerin

Elizebeth Smith Friedman (1892–1980), geboren in einer Kleinstadt in Indiana (USA), gilt als eine der ersten Kryptoanalytikerinnen. Sie studierte Englische Literatur und brachte sich mithilfe ihrer Latein- und Griechischkenntnisse selbst bei, geheime Botschaften zu entschlüsseln.

Ihre Spürnase führte zur Zerschlagung eines großen Nazi-Netzwerks in Südamerika. Ein weiterer Erfolg: Durch ihre Arbeit wanderten wichtige Mitglieder des Mafia-Imperiums um Al Capone ins Gefängnis.

Die bedeutendsten GEHEIMDIENSTE

Nach dem Ersten Weltkrieg richteten die meisten Länder eigene Geheimdienste ein. Diese entwickelten immer komplexere Technologien.

Spionage wird häufig mit Geheimdienst (auch Nachrichtendienst) verwechselt. Dabei machen Geheimdienste noch viel mehr, Spionage ist nur ein Teil ihrer Arbeit — mindestens ebenso wichtig ist die Auswertung der gewonnen Informationen.

SIS oder MI6
(Vereinigtes Königreich, seit 1909)

BND
(Deutschland, seit 1956)

CNI
(Spanien, seit 2002)

CIA
(USA, seit 1947)

ISI
(Pakistan, seit 1948)

SD und GESTAPO
(Deutschland, 1933—1945)

FBI
(USA, seit 1908)

MOSSAD
(Israel, seit 1949)

KGB
(UdSSR, 1954—1991)

PET
(Dänemark, seit 1939)

STASI
(DDR, 1950—1990)

CISEN
(Mexiko, 1989—2018)

FSB
(Russland, seit 1995)

SENDER GLEIWITZ

Das von den Nazis geplante „Unternehmen Tannenberg" bestand im vorgetäuschten Überfall auf den Sender Gleiwitz, angeblich durch polnische Soldaten. Er diente als Vorwand für den Überfall der Deutschen auf Polen, der zum Zweiten Weltkrieg führte.

Churchills Lieblingsspionin

Maria Krystyna Janina Skarbek (1908–1952) wurde in Polen geboren. Während des Zweiten Weltkriegs wanderte sie nach England aus und meldete sich freiwillig für die Special Operations Executive (SOE), um gegen die Nazis zu kämpfen. Adlige Abstammung, mehrsprachig, intelligent, abenteuerlustig, etwas eigensinnig und sehr mutig – Christine Granville (ihr Deckname) führte ein filmreifes Leben. Oder fast: Ian Fleming ließ sich von ihr zu der Figur der Vesper Lynd in *Casino Royale* inspirieren.

Ihr erster Auftrag bestand darin, in Ungarn geheime Daten zu sammeln. Für einen weiteren Auftrag musste sie ganz Europa bei Temperaturen von bis zu minus 30 °C durchqueren und dabei einen Mikrofilm in ihrem Lederhandschuh verstecken. Dieser enthielt die Pläne der Nazis zum Einmarsch in die Sowjetunion. Sie lieferte den Mikrofilm persönlich im Arbeitszimmer des britischen Premierministers Winston Churchill ab. Logisch, dass sie seine Lieblingsspionin wurde.

GARBO, DER SPION, DER HITLER TÄUSCHTE

Garbo für die Briten, Arabel für die Deutschen, aber sein richtiger Name lautete Joan Pujol García (1912–1988). Er war ein rebellischer Student, passionierter Leser, Arbeiter auf einer Hühnerfarm und der bedeutendste spanische Spion aller Zeiten.

Er bot sich erfolglos als Spion bei der britischen Botschaft an. In seiner Ehre verletzt, heckte er einen Plan aus, wie er die Deutschen für sich gewinnen konnte, damit die Alliierten sich für ihn interessierten.

Der Meisterspion sprach weder Englisch noch Deutsch, aber seine Intelligenz und verdeckten Operationen sprachen für ihn. Er gaukelte selbst Hitler vor, die Landung in der Normandie sei ein Ablenkungsmanöver und dass die eigentliche Offensive der Alliierten in Calais stattfinden würde. Als die Nazis die Täuschung bemerkten, war es bereits zu spät. Auf diese Weise hat Garbo Millionen von Menschenleben gerettet.

Operation Mincemeat

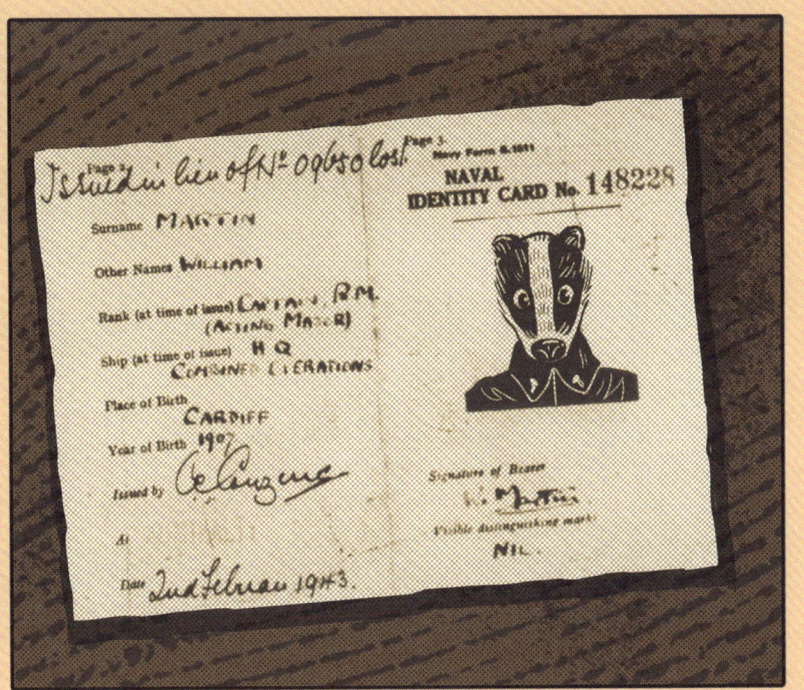

Im Jahr 1943 fand ein Fischer aus der spanischen Stadt Punta Umbría die Leiche des britischen Majors William Martin im Meer treibend. Er hatte eine Aktentasche mit gefälschten Unterlagen an sein Handgelenk gekettet. Und er trug einen gefälschten Personalausweis, einige Schlüssel, Theaterkarten und einen Brief an seine Freundin bei sich. Diese „unwichtigen" Dokumente dienten dazu, Martin glaubwürdig erscheinen zu lassen. Tatsächlich handelte es sich um einen Mann, der in einem Londoner Krankenhaus verstorben war.

Dies war ein kluger Schachzug des Briten Ewen Montagu. Sein Ziel: den Deutschen einen falschen Ort für die Invasion der alliierten Streitkräfte in Europa zu geben. Die Deutschen untersuchten die Dokumente und schluckten die Story. Sie glaubten also, dass die Alliierten in Griechenland landen wollten, dabei landeten sie in Wirklichkeit auf Sizilien.

DAS GOLDENE ZEITALTER

Nach dem Ende des Zweiten Weltkriegs war die Welt in zwei Blöcke geteilt: den Block unter der Führung der USA und den Block unter der Sowjetunion. Das löste den Kalten Krieg aus. Beide standen in irrer Konkurrenz zueinander: ideologisch, politisch, sozial, militärisch und sogar sportlich. Doch die beiden Blöcke gingen nicht direkt gegeneinander vor.

Spionage, Doppelspionage, Verrat, Erpressung… all das verhundertfachte sich in der Zeit. Der Beruf des Spions ist an sich schon hochriskant, aber in diesen heiklen Jahren war er der gefährlichste Job der Welt, gefährlicher als der eines Fensterputzers an einem Wolkenkratzer — viel gefährlicher!

Ein Verräter mit Idealen

Harold Adrian Russell Philby (1912–1988), besser bekannt als Kim (nach Rudyard Kiplings Roman *Kim*) Philby, war der außergewöhnlichste britische Spion aller Zeiten. Er gilt als der ranghöchste Maulwurf in einem Geheimdienst. Kim war MI6-Agent, arbeitete 30 Jahre lang für den KGB und lieferte den Russen unschätzbare Informationen — bevor er floh, weil die Beweise gegen ihn übermächtig wurden.

Er soll wie kein anderer die drei Kernelemente der Spionage beherrscht haben: Verrat, Lüge und Geheimhaltung.

Der israelische Super-Spion

Eli Cohen (1924–1965) war ein israelischer Mossad-Spion, der sich Kamal Amin Thabet nannte. Dank der Informationen, die er über militärische Einrichtungen erhielt, trug er zum Sieg Israels im Sechstagekrieg bei.

Eine seiner legendären Aktionen: Er schenkte der syrischen Armee immergrüne Bäume, die auch in neuen Lebensräumen gedeihen: Eukalyptusbäume. Die Hitze an den syrischen Armeestellungen der Golanhöhlen war erdrückend. Kamal Amin bewarb die Eukalyptusbäume als hervorragende Schattenspender. Aber sie markierten auch den Standort der Syrer und halfen so der israelischen Armee.

Im Jahr 1965 stürmte die syrische Spionageabwehr seine Wohnung. Sie fingen seinen Funkspruch ab und erwischten ihn auf frischer Tat. Er wurde vor Gericht gestellt und anschließend in Damaskus durch den Strang hingerichtet. Seine Überreste sind auf mysteriöse Weise verschwunden.

Die Meistgesuchte

Nancy Wake (1912–2011) war die meistgesuchte Spionin des Zweiten Weltkriegs. Im besetzten Frankreich, wo sie mit dem Fallschirm gelandet war, spielte sie eine wichtige Rolle in der Résistance und wurde zum Albtraum für die Gestapo. Die deutsche Geheimpolizei setzte ein hohes Kopfgeld auf sie aus und folterte ihren Ehemann zu Tode, um ihren Aufenthaltsort herauszufinden — ohne Erfolg. Sie war so schwer zu fassen, dass die Nazis ihr den Spitznamen „Weiße Maus" gaben.

Sie war eine Anführerin, eine Kriegerin und eine sehr unabhängige Frau. Sie kämpfte gegen Ungerechtigkeit und ebnete den Weg für moderne Frauen entscheidend.

„Freiheit ist das Einzige, wofür es sich zu leben lohnt. Als ich für sie kämpfte, dachte ich immer, es sei egal, ob ich sterbe, denn ohne Freiheit hat das Leben keinen Sinn", lautet eines ihrer bekanntesten Zitate.

Petticoat Panel

Dieser 1953 von der CIA gebildete Ausschuss sollte überprüfen, ob Frauen aufgrund ihres Geschlechts in der Behörde diskriminiert wurden (was erwiesenermaßen der Fall war). Das Gremium sollte Veränderungen vorschlagen.

Edward Snowden

Der ehemalige CIA-Techniker ging weder gen Osten noch gen Westen, wie es im Kalten Krieg üblich gewesen wäre. 2013 prangerte er vielmehr die weltweiten Spionagepraktiken gegen uns alle an. Kurzum: Alarmstufe Rot!

GLOBALISIERUNG DER SPIONAGE | Heutige Spionage ist grenzenlos und allumfassend.

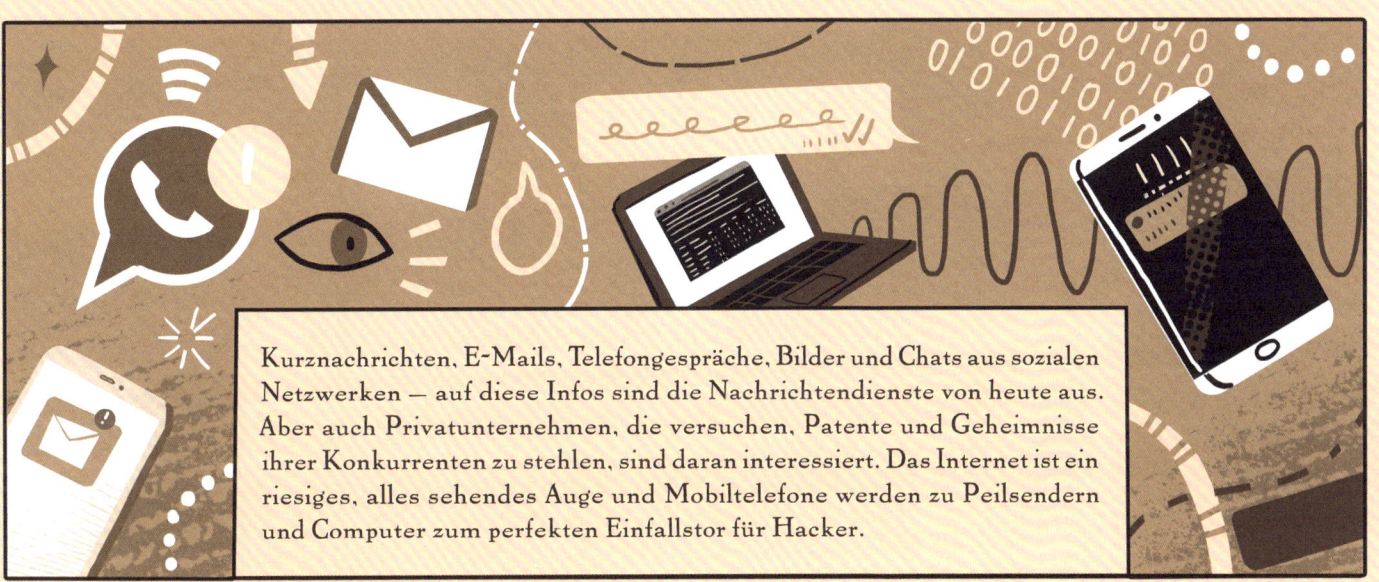

Kurznachrichten, E-Mails, Telefongespräche, Bilder und Chats aus sozialen Netzwerken — auf diese Infos sind die Nachrichtendienste von heute aus. Aber auch Privatunternehmen, die versuchen, Patente und Geheimnisse ihrer Konkurrenten zu stehlen, sind daran interessiert. Das Internet ist ein riesiges, alles sehendes Auge und Mobiltelefone werden zu Peilsendern und Computer zum perfekten Einfallstor für Hacker.

Spion gegen Spion

Im Sommer 2010 fand der größte Agentenaustausch zwischen der US-amerikanischen und der russischen Regierung seit dem Kalten Krieg statt. Der Schauplatz: der Flughafen von Wien. Keinerlei Foto- oder Filmaufnahmen waren erlaubt. Es gab auch keine offizielle Bestätigung, dass dieser Austausch tatsächlich stattfand. Dennoch kam es zum Austausch von zehn angeblichen russischen Spionen gegen vier angebliche Mitglieder der US-Geheimdienste. Unter den freigelassenen russischen Spionen befanden sich die junge Geschäftsfrau sowie heutiges Model und Modedesignerin Anna Chapman, die peruanische Journalistin Vicky Peláez und der Reiseagent Michail Semenko. Zu den in die USA zurückgekehrten Spionen gehörten der Atomphysiker Igor Sutjagin und der Militärgeheimdienstler Sergei Skripal.

BIS DASS DAS FBI UNS SCHEIDET

Elena Wawilowa und ihr Ehemann Andrei Besrukow ließen sich von der Sowjetunion als Spione anwerben. Im Jahr 1999 wurden sie in die USA entsandt, wo sie am Rande von Boston inkognito lebten. Dort hieß sie Tracey Foley und arbeitete in der Immobilienbranche. Ihr Ehemann hieß Donald Heathfield und war Berater. Sie gaben sich als Kanadier aus. Ihre beiden Kinder kannten die wahre Identität ihrer Eltern nicht, da diese vor ihnen nie Russisch sprachen. Nach der Verhaftung durch das FBI 2010 wurden Elena und Andrei mit anderen Agenten im Rahmen des bekanntesten Agentenaustauschs seit dem Kalten Krieg abgeschoben. Dieses einzigartige KGB-Ehepaar inspirierte die Serie *The Americans*.

SPIONE IN BUCH UND FILM

JAMES WORMOLD ist ein einfacher Staubsaugervertreter und die Hauptfigur von Graham Greenes Roman *Unser Mann in Havanna*, einer Mischung aus Spionageroman und Kriminalkomödie, die im Kalten Krieg spielt.

RICHARD HANNAY ist die Hauptfigur in *Die neununddreißig Stufen*, einem Roman von John Buchan aus dem Jahr 1915, den der fantastische Alfred Hitchcock verfilmte. Hannay wird irrtümlich eines Verbrechens beschuldigt. Das Ereignis löst einen Spionagefall aus, der den Weltfrieden bedroht.

GEORGE SMILEY ist die Hauptfigur in den Werken von John Le Carré. Er taucht auf in den Romanen *Schatten von gestern*, *Ein Mord erster Klasse*, *Agent in eigener Sache*, *Eine Art Held* und anderen. Smiley ist ein kleiner, dicker, nachdenklicher Mann mittleren Alters – und ein Agent am sogenannten Circus des MI6. Er ist also ein perfekter Geheimagent, der nicht auffällt.

KIM ist die kindliche Hauptfigur des gleichnamigen Romans des Nobelpreisträgers Rudyard Kipling. Der Waisenjunge, der in den Straßen von Lahore aufwächst, wird Schüler eines älteren tibetischen Lamas, den er auf einer Reise durch Indien begleitet. Diese Reise ist gleichzeitig eine geheime Mission im Dienste Großbritanniens.

NIKITA ist die weibliche Ikone des Spionage-Genres. Der französische Spielfilm *Nikita* kam 1990 in die Kinos und wurde später als Fernsehserie weiterentwickelt.

Nikita, ein entwurzelter, Teenager mit vielen Problemen, wird von der Abteilung „Zentrum" des Geheimdienstes vor einer langjährigen Freiheitsstrafe gerettet. Sie täuschen ihren Tod vor und geben ihr eine zweite Chance: Sie darf ihrem Land als Spezialagentin helfen.

JAMES BOND ist zweifelsohne der beliebteste Geheimagent der Welt. Ian Fleming erschuf ihn. Bond tauchte erstmals in dem Roman *Casino Royale* (1953) auf. Richtig berühmt wurde er aber erst durch den Sprung auf die große Leinwand. Schätzungsweise haben fast zwei Drittel der Weltbevölkerung einen Film mit Agent 007 gesehen.

ALEC LEAMAS ist die Hauptfigur von *Der Spion, der aus der Kälte kam* von John Le Carré (für viele der wohl beste Spionageroman aller Zeiten). Leamas ist ein altgedienter britischer Agent, der in den Nachrichtendienst der DDR eingeschleust wurde. Müde vom rastlosen Leben als Spion beschließt er, einen letzten Auftrag anzunehmen, mit dem die Zentrale ihn betraut.

INSPECTOR GADGET ist die Hauptfigur einer Zeichentrickserie Er ist ein Cyborg, also halb Mensch, halb Maschine. Trotz seiner Unbeholfenheit kann er dank seiner verrückten Gadgets dunkle Geheimfälle lösen. Dr. Kralle (der mysteriöse Anführer der bösen MAD-Organisation) ist sein größter Feind.

Daniel Nesquens

Mein Name ist Nesquens Null Sieben. Du kannst die Null und sogar die Sieben weglassen, aber weiter nichts. Ich bin ein Schriftsteller. Einer dieser Menschen, die schreiben.

Vor Jahren, als ich noch ein Kind war, belauschte ich zufällig ein Gespräch zwischen zwei Spionen. „Schicken Sie uns den bestmöglichen Bericht", sagte der Größere mit dem Schnurrbart zu dem Kleineren mit der Brille.

Ich war auf der Suche nach einem Blatt Papier, das mir aus der Schulmappe geschlüpft war (in Saragossa ist es so windig). Das Blatt Papier enthielt meine Hausaufgaben, die Don Máximo uns am Nachmittag aufgegeben hatte. „Ihr müsst mindestens drei der vier Aufgaben lösen", hatte er uns gesagt. „Minimum oder Maximum?", fragte Gamón nach. „Raus aus der Klasse, raus mit dir", rief Don Máximo aufgebracht zwei Sekunden vor dem Ertönen der Schulklingel. Dieses Blatt Papier geriet nun zwischen die glänzenden Stiefel des großen Spions.

„Was machst du Bengel da? Spionierst du etwa?", fragte er plötzlich.

Ich zeigte auf das Papier mit den Matheaufgaben und starrte die beiden an, wie es nur Doppelagenten tun. Ich wusste nicht, was ich antworten sollte.

Der Mann mit der Brille kam mir zuvor: „Man braucht zwölf Liter, um den Holztank zu füllen. Und die Strecke, die der Zug zurücklegt, beträgt 88 Kilometer." Ich dankte ihm und ging.

Dieser Vorfall weckte mein Interesse an der Welt der Spionage. Seitdem habe ich unzählige Filme gesehen und unendlich viele Bücher gelesen. Ich ließ mir einen Schnurrbart wachsen, den ich mithilfe eines angekokelten Korkens aufmalte. Ich erschuf meinen eigenen Nesquens-Code und schrieb ein ganzes Notizbuch voll mit einigen dieser coolen Floskeln, die nur gute Spione draufhaben. „Nichts anfassen, du Trottel!", war mein Lieblingssatz, bis mein Vater mich zurechtwies. Aber ich hatte andere auf Lager: „Die Beweislage ist bislang zu dünn.", „Was ist hier passiert?", „Der Plan ist wasserdicht." oder „Wir haben bei Interpol Informationen angefordert."

„Du hast nur zwei der vier Aufgaben gelöst", sagte Don Máximo am nächsten Tag zu mir.

„Die Beweislage ist viel zu dünn für ein eindeutiges Urteil", entgegnete ich.

Oyemathias

Zunächst einmal solltest du wissen, dass sich diese Nachricht in zehn Sekunden selbst vernichten wird.

Ich werde dir also schnell ein paar Dinge über mich erzählen.

Mein Name ist Mathias. Ich habe eine orangefarbene Katze, die sehr gern Lasagne isst und deren Name wie mein Nachname klingt. Aber ich unterschreibe mit „oyemathias", weil mein Nachname sehr geheim ist. So geheim, dass ich ihn in dieser Buchstabenfolge verschlüsseln musste: WMIPJIPH.

Und da du es sicher eilig hast, gebe ich dir einen Tipp: Auf Seite 25 findest du einige Aufzeichnungen, die dir weiterhelfen könnten.

Genug der Rätsel, kommen wir zur Sache.

Ich bin ein Illustrator. Einer, der sich an seinen Computer setzt, um zu zeichnen, aber auch oft auf seinem Balkon sitzt und die kleinen Hunde beobachtet, die unter seinem Haus vorbeilaufen.

Ich liebe es, in Stadtparks zu gehen, um mir Ideen für Zeichnungen und verrückte Projekte auszudenken, die ich dann in mein Notizbuch schreibe (obwohl weder ich noch der beste Spion der Welt sie hinterher entziffern können, weil ich eine hundsmiserable Handschrift habe).

Zu guter Letzt möchte ich dir noch sagen, dass ich aus einem Land namens Chile komme, das schmal und lang ist, wie eine Chilischote. Nun, in Mexiko essen sie mein Land mit Fleisch (Chili con Carne).

Das ist alles für den Moment. Als Belohnung dafür, dass du bis zum Ende durchgehalten hast, verzichte ich auf die Zerstörung dieser Nachricht. Gern geschehen.